ANTOLOGÍA POÉTICA
(2004-2012)

ANTOLOGÍA POÉTICA
(2004-2012)

IVÁN VERGARA

6/10

ANTOLOGÍA POÉTICA 2004-2012
Primera edición: abril 2024

© De los poemas: Iván Vergara
© De la fotografía del autor: Pepo Paz
© Del diseño de cubierta y maquetación: Nautilus Ediciones
© De la selección de poetas y coordinación editorial: Samuel Trigueros
   Nautilus Ediciones
   nautilusedicioneshn@gmail.com

ISBN: 978-84-10241-16-9
Depósito Legal: Z 718-2024

Impreso en España, Unión Europea

IVÁN VERGARA
(México, 1979)

Docente de la Universidad de Salamanca en el Máster de Escritura Creativa. Sus proyectos artísticos, pioneros en el uso de la poesía transmedia y performance, crean entornos audiovisuales arriesgados y vanguardistas. Es responsable de la librería Martín Luis Guzmán del Fondo de Cultura Económica de España en la Fundación Casa de México de España. Creó la Plataforma PLACA en Sevilla en 2006, proyecto de edición, producción y gestión cultural más longevo en activo de la comunidad inmigrante hispana en España. Es el creador y editor de la Editorial Ultramarina Cartonera & Digital. Coordina y mantiene en activo veintisiete proyectos culturales en cuatro países. Coordinó las diversas ediciones del evento/festival pionero de artes expandidas y transmedia: Recital Internacional Chilango Andaluz (RCA) en catorce ciudades de México y España. Publica en 2013 *Era Hombre Era Mito Era Bestia / Man Myth Beast*. Ha publicado cuatro antologías de poesía andaluza y chilanga, así como selecciones de poetas en decenas de revistas del mundo hispano. Ha participado en proyectos como actor y director de teatro, director de cortometrajes. Desarrolla su proyecto audiovisual *Buenos salvajes*. En 2013 lanzó su proyecto de Micro documentales 'Contemporáneos' entre NY, Londres, México y España. Imparte talleres de poesía en colaboración con Vaso Roto y el FCE. Produce decenas de proyectos culturales a lo largo del año con instituciones de varios países del mundo hispano. Vive en Madrid y colabora con el FCE España, Instituto Mexicano de Cultura IMEX, Círculo de Bellas Artes, Universidad Complutense y otras. Es inmigrante, apoya el mestizaje, continúa creyendo que tender puentes entre regiones y personas harán una diferencia.

06:08 hrs.

A mis abuelos

Aquella mañana se abre la tumba
que compartiría lecho conmigo,
libera gusanos e hijos de gusanos
y larvas e hijas de larvas.
Un licor a vivo descompuesto
riega la tierra
y cae borracha
y se fermenta
y no se enamora
y acepta ser madre
-a fuerzas-.
Aquella mañana se abre la tumba
que recibiría mis restos
a no ser que ya no esté en ellos,
que haya abandonado
-cobarde-
los restos de mi carne
y sea otro y sea el mismo,
a no ser que huela extraño
y no extrañe lo vivo y lo resplandeciente
y aquello que despierte como si nada
cuando sea verdad
que ya todo ha ocurrido.

Y es cierto, se abre esa tumba que no es tumba
y no estamos ahí,
nos entierran juntos, semi completos
en un relato firmado por mi
antes de nacido,
y es cierto, que me acerco a esa imagen
desde esta alcoba rodeada de llantos
que no se dedican a mi
sino a mi abuelo
que es enterrado por la tarde
en aquel monte de cruces que son todas
las cruces cuando ya no quedan vivos.

Y es cierto que camino en la comitiva
escoltando este cuerpo que me ha traído
desde un sueño de alcoba
que me tenía mejor vivo.
Aquella mañana enterré mi cuerpo
disfrazado de mi pariente más querido
y no lo notan, no se esfuerzan,
todas las coronas son Leopoldo Magaña
y ninguna Iván Vergara,
presido mi sueño y en
cada sombrero de fieltro me siento
aureola, y en cada niño me siento ángel
de fábula, y en cada beso robado al cuerpo
frío me estremezco y todos los abrazos que
me otorgan me obligan a despertar, a
mirarme al espejo para decir que no, que no
soy aquel del féretro, que no son mis manos
las que levantan la cúpula y salen volando con
campanas de fondo, que el atrio no es un
rezo a nosotros, que somos pareja y que

esta noche somos esposos, que el vientre
tuyo se convirtió en cueva de vida, que no
es cierto, que no crece Polo en ti,
que es un sueño de reflejo el que distrae
la comitiva y los hace voltear,
que lo que veo es mi barba disminuida,
una navaja en filo y un respiro cortado
que sale de tu boca, que es la
primer palabra de tu vientre, que me llama
el sueño.

Aquella mañana termina con una oración
y lo que descansa en paz, como nunca lo ha
hecho, son nuestros cuerpos, exhaustos, gloriosos,
inquietos por el desvelo y el rígido despertar.
Inquietos abrimos los ojos
y nos miramos
sabiendo que no lo sabremos.

Abrimos las puertas,
construimos futuros cementerios.

Mientras la ciudad despierta, más olvida el hombre.

Éramos el tiempo idóneo de las grietas,
un cauce de urbes que se olvidaban de sí,
un descuido que rompe, un descuido que pasa,
una caricia entre los muros y tus muros
son la hebra de un rito perpetuo; continúa
con el enfado de los montes, y escupen
al temblor un lugar común, y el agua
se nombra respiradero o artificio, y la madre:
esta ciudad de errores putos como el hambre
éramos el tiempo dentro de la espuma,
un lamento largo y pesado, de un aullido
cerdo y lento que imitan las venas.

Calcamos al revés el origen de las especies
para que saliera la vida, torva y estúpida,
imitando al animal que nacimos siendo
éramos ríos que fueron avenidas,
abismos que fueron puentes,
muertos que fueron sueño,
llanto,
marea

Nadie te dirá cómo muere el tiempo,
nadie te dará señas de su azar
ni te dirá cómo vencer su esfuerzo.

El tiempo es un aire estático,
lo transcurrimos
no habrá quien te hable de la angustia de las eras,
quien decida que frente a los espejos reinará el vacío,
quien decida que la noche hablará por sí misma,
que no habrá perros suficientes para la hoguera

no habrá quien te diga qué pirámides son falsas,
cómo rescatar la palabra del conato clasificatorio,
cuánto andar errante conducirá a la voz
de un tiempo ebrio de sequía,
denso de almas errantes

no habrá quien te diga cuán estériles son estos verbos,
el reloj sabrá de sí y será en el reflejo del hombre
un océano sin islas, un océano sin tierra que conquistar

I.

Creamos colores para darle significado a todo aquello
que invariablemente termina azotado en nuestro rostro,
                les dimos la forma más alta
al saber que eso es sol,
que aquella la mar,
que esto es lo que escurre.

Salvajes aullidos festejan el ritmo
                cuando supieron qué eran
y qué era la oscuridad,
salvajes al mirarnos en blancos
                                y grises
                                        y negros.

Colores gritos
                entonan la sorpresa:
nuestros sentimientos
                nunca fueron marinos monocromos
                nunca marinos de un solo mar.

Yo quiero ser silencio
el que se esconde en la jerga
cuando pasa el agua
y ya no es tela
sino alga.

Yo quiero ser silencio
hostil, de preferencia
para aguantar la tristeza
de una tarde que chorrea
estruendos

Yo quiero ser silencio
violento como el alba
negro, es decir, ausente
casi destello

Ser silencio
como la vida
en plena rebelión.

Bajo tortura

a Laura Misrachi

El verdadero azul es la noche que se entrega al resplandor,
el verdadero azul es la luz ahogada en lo profundo,
lo verdaderamente azul escapa con el alba,
lo que es azul transparenta los cuerpos desnudos.

El verdadero azul es la azotea eclipsada,
el verdadero azul es el aroma del mercado de flores,
lo verdaderamente azul sangra con pena y tristeza,
lo que es azul no se ve en los ojos, se refleja en ellos.

Lo verdaderamente azul es lo inútil
        la poesía se me acerca roja, pero sé que es azul.

Volver a prescindir los ríos
como el que presiente
que hay alguien detrás,
apuntando a la nuca,
soplando quedito

volver a dejar los ríos
en el bolsillo de viaje,
donde la herida tiembla
y nombra ventanas
aullidos

volver,
transformar al náufrago
en mono sedentario,
volver,
nombrarle cielo
al saber de sus deshielos;
volver y prescindirle,
pues volver por sus ríos,
entre sus venas y aristas,
nos convierte en dioses furiosos

sabemos que su cuerpo muta en otra tierra,
donde nos suele herir la memoria

(d)escribimos al mito que es cuerpo,
termina bajo tierra, empalmado,
devorando a sus propios hijos

hartándose de un tiempo
que prescinde de nuestro amor

00:00 hrs. (Bodegón)

Bajaban del cansancio,
breves y en silencio,
        las últimas gotas
con el esfuerzo y la fatiga
        de lo último.

        Recuerdo la sombra
que se resistía a conquistar
        un palmo más
de la habitación inútil

delineaba tu cuerpo
y ya no era tu movimiento
        era el atardecer que se lustraba
        sobre las paredes exiguas
        de nuestro paso por el mundo.

Algo se ha detenido
        y somos concientes,

pero solo alcanza la mirada
        a negar
        con resignación

entra la marea,
        entra la brisa,

cayeron los oscuros sobre nosotros
       y desde bajo tierra
alcanzamos a tocarnos,
a ser carne de tierra
       al ser enclaves de muebles,
       retratos
       cascadas de ayer.

La mentira es la niebla.

La niebla es la herida de una lluvia rabiosa,
su color, es el herraje de un cielo desbocado
dirigiéndose a los pulmones de la tierra;
enferma de cielo

rastrera,
dormida en el valle nos convierte en mudos de vista,
en ciegos de frío

líquida,
como suele vestirse si nuestra pasión la ata,
si la convierte en leona etérea
quisiera ser estatua de su obra,
del aprecio que provoca su simpleza
mas nos obliga a sentirnos nido,
donde el viento intenta su semilla
y la ingenua tierra sirve de lecho

cruzamos la sierra de Oaxaca y hemos rebasado las nubes,
esto no es niebla señores, esto que humedece mis ojos
es el grito de los espíritus que intentaron la vida,
chorreando de niebla estos valles que nunca han sabido de
amor

Un silencio atlántico.

Mi padre cruzó un continente,
se convirtió en indio posmoderno
al entrar por la aduana del nuevo mundo,
surcó presto su orientación de monte
y perdida la esperanza tomó trenes,
autobuses para otras tierras,
aviones erradicados por la peste
y no era él

hoy mi padre yace en cama
bajo el agobio de las horas extra,
trajo un lastre de quinientos quince años
con el cual descansar los pies y las manos
y no sean él

yace mi padre en un techo de casa blanca
con su cuerpo moreno asfixiado por la historia,
con su cuerpo tallado por la vista de los volcanes
y un indómito yacimiento de leyendas
donde se escribe la historia de mi viejo,
sobre una ladera marina y tintas de piedra

ha salido esta tarde y se ha tirado al río
con el fardo absurdo de todo lo recorrido,
ha ahogado a los peces contándoles la historia
de un hombre y una mujer que se amaban

como tierra blanca y fértil,
yelmos recios de conquista
ha devorado al unísono dos continentes
y se ha convertido en tierra submarina;
salió por la tarde un indio posmoderno
y la noche recibió todas las almas,
todos los llantos

por la mañana la tierra,
conmocionada por la espera que mueve valles,
tumba ciudades, engendra mitos,
y lo que se escucha entre las ruinas
es un llanto que pierde a sus vástagos
un padre indio que duerme en casa blanca
con su corazón rebozando tierra,
rebasando a las aves,
resplandeciendo de nada
absoluta nada

Vagones.

Solemos espantarnos en el metro
de sus habitantes mudos,
de sus miradas enjuiciadoras y permanentes,

fijas en nuestro pasado
fijas en lo que dejamos en la anterior estación

solemos aburrirnos
sobre todo por las mañanas,
en que inocentes rozamos
nuestra carne con la ajena

alivia la alarma
cuando predestina nuestro arribo,
alivia el convoy
al seguir de frente,
siempre sólo,
por la única vía que nunca se queda atrás,
como nosotros: brillando de tiempo perdido

Debes recordar, recordarlo todo,
que caíste cien veces durante el sueño,
cuánto besaste el pezón de tu madre,
cómo el equilibrio permitió tus pasos,
cuánto pagaste por entrar al paraíso

recuerda tu primera muerte
y cuántas veces moriste en sueños,
que los días borran su sombra,
que la vida se bruñe con derrotas,
que sí me mirabas y fingías ventanas

debes recordar, recordarlo todo:
si rebasa el logos y sus entrañas,
si alivia heridas como una tumba abierta

debes recordar, recordarlo todo

Algunos papeles se guarecen entre las páginas de libros que han olvidado están ahí. Un crecimiento inconsciente les aloja y expande. El olvido en el que viven no es un capricho ni una necesidad, puede que solo se escondan de algunos hábitos: la mano engrasada de silencio, la lluvia que les ama y asesina, o el discurso que les tatúa la piel con nuevas promesas o el afán de no olvidar.

Sepultados dentro de los poemas de Uribares y su cartografía se les libera del miedo, entre los rituales de Santopietro nacen con lenguas nuevas y vibrantes, en los cantos de Villaseñor se pierden pero les acompaña el colibrí, con Gordillo retumban en la caverna de la gravedad de su voz; profanos discurren por los versos de Martínez, deseosos de abrirse camino a la nueva vida, cuando termina el invierno; en los textos del Castillo permanecen prolongados, esperando renacer para volar sobre cartón por el mundo.

Se guarece entre libros una servilleta que ya no es una cualquiera, saldrá preñada de un olor cómplice. Sucumbe al vértigo de lo desconocido cuando viaja al contenedor o las ventas de saldo que le remitirá a nuevos rumbos, y cuando menos lo espera, cualquier día, se libera casi sin quererlo para habitar otro olvido. Ya en libertad, angustiada porque las letras, cobardes, no dieron el paso unísono, se mira al caer hacia la charca: desnuda, presta para alimentar la tierra. La servilleta y el volante que habitan nuestros libros, son la memoria del día en el que extendimos la mano y recluimos dentro de su cuerpo ofertas y números de teléfono que portan el deseo de lo que no será. Ellos guardan la memoria.

¿Y qué hay de las hojas y las flores y los insectos que les imitan? Eso es otra historia, la que cuenta cómo pretendemos ser un museo seco de la vida, cómo les convertimos en un sepulcro que no guardará el tiempo que vieron nuestros ojos.

La Bestia ha salido de la ciudad,
amaneció inerte bajo el océano,
respiró cuantas algas pudo,
durmió un sueño largo y plácido

la ciudad despierta sin la bestia,
los pasos amanecen perdidos de inframundo,
la calle torna en un tumulto de chillidos solares

nada recuerda que la bestia vivió entre ellos

su ausencia torna en fulgores opacos,
centellas deseosas de incendios,
ríos retornando a la tormenta,
urbes ahogadas de juicios sin ley

huérfanos de ella, nuestro crimen luce desnudo,
sincero
luminoso

Este viento piensa en entierros.

Frente a las vitrinas, todo es niebla,
frente a la avenida, todo es tiempo,
frente a tu cuerpo, todo es inútil

la fiesta a la que asistimos
se repite como un rito,
lo sabemos al asomarnos desde el balcón
- cuando pasa esa oleada catártica
tirando cuerpos de cera y huesos de madera -
pero nosotros la confundimos,
realmente es la resaca de un entierro

Será de nosotros el tiempo de la Bestia,
atada al mástil de nuestro orgullo
desde la sequía de las almas,
engullen el tacto palpitante del viento,
un orgullo altivo de banderas y cruces;
tiempo de la bestia, tiempo de la gracia,
en que todo es obsceno como los telediarios y es todo
una broma de la vida haciéndonos creer lo erróneo

el tiempo de la bestia nos aparta de la cercanía,
¡amemos a la bestia!
a quienes nos dan palmadas grotescas
y nos pierden en la mirada del asfalto,
nos ingiere con su tacto corrupto, y ame,
ame tu vida-bestia que se precia de serlo

será de nosotros el tiempo sin alimento,
cuando seamos una bestia famélica y nos apene
como nos apena el hambre transatlántica,
entrada exclusiva de ritos transgénicos
y florece como lo hace la bestia y su palabra,
la más antigua de los quehaceres humanos,
la más antigua demostración de amor;
ya lo decía el tigre y su odio amargo:
la vida es creciente mientras sea la bestia mascota,
ría y sea estúpida de ignorantes muertes,
de la continuidad del odio ibérico,
odio americano, odio santo y sin escrúpulos,
odio imberbe de asfixia, odio eólico,
odio titánico, cito: perfecto odio

será de nosotros el tiempo de la bestia,
ciertamente, confirmado desde la madrugada,
cuando sea testigo de la distancia con la noche,
guarida que aborrece ya repudia su estancia nocturna,
el tacto con las criaturas originadas en el sueño,
sean pesadilla, sean bendiciones, la bestia odia la noche
tanto como la odia nuestro amor por ella,
la necesidad abstracta de la culpa ajena
la bestia lo sabe y nos imita,
es continuidad

llega el tiempo de la bestia y esto comenzó hace siglos,
nos venimos preparando con grande e inmenso odio
desde entonces

Larga y Santa Vida a la Bestia

Un 19 de septiembre del año 1985.

Gime en el aliento de la grieta
un abismo intenso de clarividencia.
Dispone al alba un sol rotundo,
toca la vanidad del rascacielos
con deseos vibrantes, bajo tierra,
con los pechos mugiendo frío.
Es verdad que lo abandonó el presagio eléctrico,
que la suerte oscura dejaría un presente rojo.

Tira hasta que rugen la ciudad y sus venas,
hasta que la nota correcta nos rescata del tiempo,
del lago callado, del pantano y su cuerpo seco.

Era la nota más desgraciada:
un susurro suyo conjura tanta muerte,
abre tantas puertas que no deja espacio para la luz.

Era un abismo celoso,
satisfecho queda de recuerdos y sombras
de una ciudad vuelta a la vida en carne

y poco más

Me he enamorado de una suerte orgánica. Empieza una historia con una mentira que prolongará un encuentro, y de él, la historia que se convierte en tangible palabra, verbo que respira entre los labios de cierto amor.

Me enamoré como cualquier animal, dejando a un lado las conjunciones astrológicas, la obviedad de que todo fuego arrasa la tierra y de ese polvo nazca otra vida y nueva gravedad.

Sepulté la mazorca que originó este hombre y sus sueños artificiales, enamorado de una mujer que repta las calles, la mirada atenta al escape, al calor del sur, la arena que hace adictos a los bañistas.

Puede que su movimiento sea ondulante y sus huellas un zigzag que no llevará a sitio alguno, tras ellas sigue el temblor orgásmico, la mano que se alarga hasta la cadera, la mirada que de reojo ella te dedica.

No hay secreto en la herida, no tiene doble sentido la espiral, metáfora alguna en este corazón que se ha enamorado de todos los errores, de la distancia que originan palabras como prisas albinas.

Me he enamorado de las costumbres que no se repiten, de los senos irregulares, del borrón que el té dejó en su piel, sus arribos penosos, esas ganas de escapar, del abrazo que nunca ha negado, las llamadas mentales que no cesan.

Enamorado de su piel, de lo súbito e inmediato que son
nuestros retornos:
nos dirigen irremediablemente a la primera explosión.

(20:45)

Se verán entonces a las ocho cuarenta y cinco,
como se ven siempre los amantes,
en la hora compuesta, la cómplice;
se verán y se amarán desesperados
susurrando deseos a la almohada,
escurriendo por dentro, por debajo.

Llegarán las once
y la prisa
y el escape
y la cita
esperará otro día.

Se verán entonces a las ocho y cuarenta y cinco
del día siguiente,
exigidos hasta en sueños, en lo lejano;
se amarán como ladrones
o hasta que llegue la cordura
y el arrebato rosado del –hasta mañana.

Se verán entonces a las ocho cuarenta y cinco
de los siguientes meses,
dejarán los lleven de la mano,
dejarán que el ritmo tome su compás
entre aquello que no creen,
que no quieren creer.

Se verán entonces a las ocho cuarenta y cinco,
casi por coincidencia, como si no quisieran,
como si pintar de rojo la pared no fuera crimen,
como si ignoraran las horas y los sobresaltos,
como si la habitación fuera nevera de tiempo,
como si por debajo de las cortinas se escondieran
duendes; casi por coincidencia, como si no quisieran.

Se verán entonces a las ocho cuarenta y cinco
decididos a comprometerse, a atarse,
con esas palabras que saben a vacío
cuando se acerca la inminencia,
la aletargada que llega segura
con pasitos trasatlánticos,
con fotos prostitutas de la vieja Sevilla,
con la ciudad Promesa como promesa
de que también podrá ser consuelo de los perdedores,
de los que no han de ganar.

Se verán entonces a las ocho y cuarenta y cinco
y para entonces ya los habrán olvidado,
no tendrán que dejarlos en el arrebato,
no tendrán que componer excusas para ellos;
se verán entonces a las ocho cuarenta y cinco
de algún siglo que los haya dejado atrás.

Se verán entonces a las ocho cuarenta y cinco
de un día que aún no llega,
que paga para arroparlos
con aquel viejo aroma
de los nuevamente culpables.

Amar o amarlo casi todo,
los caprichos de la soledad, su ignorancia,
amar los gritos andaluces y sus gemidos nocturnos,
lo mustio de la avenida circundada por la vía,
esas piernas que intuyen unos ojos, una coquetería

amar los despojos del mediodía, sus secretos,
su estancia itinerante que deambula por hogares;
que mi ignorancia sea curiosa, que no pare su búsqueda,
que todo lo que soy ya ha sido y es único

amar la distancia de las cartas, su ansia de cartero,
que discurran por manos salvajes y cumplan que seamos
uno,

amar el sorbete que se vence y triunfa en tus labios,
el decoro de las gotas, lo soberbio de su talle,
que los aullidos del lobo encuentren eco,
que resuenen los cañones y muten en fuegos artificiales
amar los semitonos, los versos libres, la foto velada

amar los cambios que acercan a los astros,
amar las cuevas donde nace la vida,
amar el sigilo de nuestras cenizas al entrar en la sombra

Aurora.

Escuché entonces
el sonido de un águila que venía
de un sitio,
no era el braceo incansable
ni la mirada aguda,
era un llanto de reclamo
que me colocaba en lo alto,
a un lado del estruendo
donde aquellas aves vuelan y hablan
ajenas a nuestra comprensión.

Escuché entonces
una melodía incolora
de algunos olvidados
y de muchos redimidos,

escuché entonces
que no había más sonido
en las habitaciones de casa,
sería acaso que amanecía y que la lluvia
se apoderaba del estruendo ajeno,
siempre lejano y siempre presente
del gigante que marcha con pasos de ondas
que se ocupará de entrar por ti,
en ti.

Te escucho entonces
y abandono la búsqueda
que resulta innecesaria al comprender
que la derrota era anticipada
al ser victoria de uno solo.

Te escucho
y lo que abrigo con estas hojas de maíz
es la semilla de lo que me brota:
soy surtidor
soy pescador
me acomodan en la butaca
justo detrás del redimido.

Caigo del cielo en forma de trueno
y lo que se observa desde la distancia
es un día claro que comienza a languidecer,
convirtiéndome en rojo,
siempre en rojo, y que en un canto
desde lo más alto, se deja rebasar.

Brinicle I

Los días del océano como páginas vacías, esperan que aparezcan por la puerta las caracolas, prófugas de la profundidad, inertes de espacio.

Los días del océano son una mala plaga, una sinfonía aliada con un reflejo antiguo, cosmos animado por la batalla húmeda, soterrada a nuestros ardores, al pellizco de la herida que recibe la sal y la gloria y al mar que rodea las islas, tal y como rodea cualquier tierra. Un abrazo continental.

Los días del océano desconocen la tierra, no saben qué consciencia podrá rodearla y fermentarla.

Hacer que le crezca vida en cada grieta. Como el musgo que crece sólo en la noche, o ya muy tarde, cuando las lágrimas no salen al mundo, cuando obligan a la tierra a crecer en las despedidas.

Brinicle II

Cuando el océano se vació quedó la tierra sola,
tuvo consciencia y la boca cerrada,
con la memoria convertida en hormiga,
imposibilitada.

Cuando el océano se alió con el vacío,
propició un único continente donde prodigar la vida terrestre;
ya no habrían ahogados,
ni devorados por bestia marítimas,
sería esta pangea hogar del hombre,
un lento suicidio.

Brinicle III

Océano aéreo,
cuando marches atrás
recuerda al tiempo:
lo que hará
será olvidar
qué tan negro fuiste

Di negro, como si lo supieras, como lo sabe el naufragio, la antena hundida en tierra, el metal que no conduce la ceguez.

Di negro, con el pecho hinchado, ungido en un vacío cansado, con la perspectiva de una risa encajada como un golpe bajo, la televisión después de medianoche, el pasto en la carreola de quien no nació.

Di negro para causarle un infarto al ocaso, para que ya no vuelva y toda la luz sepa que será eterna y consiga las llaves a lomos de una luciérnaga, baile en el río un miedo epiléptico, vuelque su prole en gajos, semillas huecas, bolsos que no llevan a nada.

Di oscurito, para que no tengas que repetir cuántas veces acaece la desgracia, lo que te paraliza te ahuyenta el brillo, te acaricia el drama, te folla el sueño, te alimenta como un cordón atrofiado, te sube una despedida al pecho.

Dime oscurito, aclara que no eres lo que pienso, dame el desvelo de los que no ven, dime te amo oscurito, porque no te veo, no te entero, no te seo, no te pleo, no te reo, no te no, no te ar, no te, no te no te, nono, no no no no n n .

Si huyes, húndete.
Si retornas, húndete.
Si pares, húndete.
Si te has alimentado, húndete.
Si respiras, húndete.

Sí, sí: húndete.

Hay inocencia en el destino del fuego,
en su precoz inquietud de llamas,
en su tosco abrazo que todo abarca,
hoy su tristeza en su condición esporádica,
engendro de desierto, encubado en breves chispas,
amantes de la humedad que evapora tu cuerpo

Hay deseo en sus intenciones aéreas,
silencio en su nostalgia volatilidad,
llantos potentes que tendidos esperan.

La mañana intuye caricias de luz,
es un reflejo inocente,
el fuego ha puesto su deseo en ella,
preña el mundo, desaparecen especies,
sobrevive el mismo diferente amor.

Iván Vergara es músico, editor y gestor cultural, todo lo cual quiere decir, en suma, que es un especialista de lo efímero. En nuestros días, nada se acaba tan rápido como una canción o un encuentro de escritores, nada dura tan poco como un libro camino de otro libro. Su propia editorial es ultramarina, cartonera y digital, formada por bellos libros-objeto que incluyen un souvenir de algún viaje: mi ejemplar de *Era hombre, era mito, era bestia*, libro suyo publicado en 2013, tiene pegado en la tercera de forros una nota de compra del aeropuerto de Stansted que ya se va borrando.

Vergara es un viajero de la posmodernidad aterrizado en uno de los sitios más encendidamente folclóricos del planeta: Sevilla. Es imposible vivir en Sevilla sin estar dentro de un enorme estereotipo que se alimenta y se devora a sí mismo. Más si vienes del DF, que es otro estereotipo muy parecido, más grande pero más borroso. Juntando esos dos monstruos simbólicos, Vergara ha acuñado una identidad pendular que define como chilango-andaluza. Un híbrido, también muy posmoderno, creado a medida de los aviones y los choques culturales.

Confortablemente entregado al vaivén de la hibridación cultural y al movimiento más o menos caótico del emigrante, Vergara tiene un asidero en la escritura de poesía. Es un poeta de frases muy marcadas, casi siempre clausulares, con un ritmo seco y sordo que se aprende leyendo de cerca a Lizalde y al buen Pacheco, es decir, al de los primeros libros. Una poesía sin euforia y con pocas concesiones al adorno, sin la fronda excesiva de lenguaje que tanto gusta a otros poetas de su generación. Es, además, un poeta que ha tenido el acierto de corregir mucho y publicar poco.

La mayor parte de los poemas de este libro son poemas de educación sentimental, que narran, tal vez sin darse cuenta, la experiencia de irte creando tu propio entorno porque el que tienes no te satisface. Son poemas con asociaciones léxicas y descubrimientos gratos para el lector, o al menos lo son para mí. Y se agradece que el tono sea contenido, borroso como la identidad que se va encontrando a través de ellos: el tiempo idóneo de las grietas, la construcción de futuros cementerios, la sorpresa de seguir siendo el mismo entre los cambios de la carne.

Luis Arturo Guichard
Salamanca, diciembre de 2017.

Origen de los poemas

-06:08 hrs. Del poemario inédito *Miedo rojo de ciudad*, 2006.
-Mientras la ciudad despierta, más olvida el hombre. Del poemario *Era Hombre Era Mito Era Bestia*, publicado por la Editorial Ultramarina C&D, 2013.
-Nadie te dirá cómo muere el tiempo. Del poemario *Era Hombre Era Mito Era Bestia,* publicado por la Editorial Ultramarina C&D, 2013.
-Creamos colores para darle significado a todo aquello. Del poemario inédito *Miedo rojo de ciudad*, 2006.
-Yo quiero ser silencio. Inédito.
-Bajo tortura. Aparece en la *Antología Recital Chilango Andaluz 2006*, publicada por Cangrejo Pistolero, 2007.
-Volver a prescindir los ríos. Del poemario *Era Hombre Era Mito Era Bestia*, publicado por la Editorial Ultramarina C&D, 2013.
-00:00 hrs. (Bodegón). Del poemario inédito *Miedo rojo de ciudad,* 2006.
-La mentira es la niebla. Del poemario *Era Hombre Era Mito Era Bestia*, publicado por la Editorial Ultramarina C&D, 2013.
-Un silencio atlántico. Del poemario *Era Hombre Era Mito Era Bestia*, publicado por la Editorial Ultramarina C&D, 2013.
-Vagones. Del poemario *Era Hombre Era Mito Era Bestia*, publicado por la Editorial Ultramarina C&D, 2013.
-Debes recordar, recordarlo todo. Del poemario *Era Hombre Era Mito Era Bestia*, publicado por la Editorial Ultramarina C&D, 2013.

-Algunos papeles se guarecen... Inédito.

-La Bestia ha salido de la ciudad. Del poemario *Era Hombre Era Mito Era Bestia*, publicado por la Editorial Ultramarina C&D, 2013.

-Este viento piensa en entierros. Del poemario *Era Hombre Era Mito Era Bestia*, publicado por la Editorial Ultramarina C&D, 2013.

-Será de nosotros el tiempo de la Bestia. Del poemario *Era Hombre Era Mito Era Bestia*, publicado por la Editorial Ultramarina C&D, 2013.

-Un 19 de septiembre del año 1985. Inédito.

-Me he enamorado de una suerte orgánica. Aparece en la revista *Estación Poesía*, primavera 2017.

-(20:45). Del poemario *Montañas de Aurelia*, publicado por la Editorial Homoscriptum, Nueva York, 2011.

-Amar o amarlo casi todo. Publicado en la *Revista Telegráfica*, Sevilla, 2016.

-Aurora. Del poemario *Montañas de Aurelia*, publicado por la Editorial Homoscriptum, Nueva York, 2011.

-Brinicle I.

-Brinicle II.

-Brinicle III.

-Di negro, como si lo supieras.

-Si huyes, húndete. Inédito.

-Hay inocencia en el destino del fuego. Inédito.

Índice

06:08 hrs. / 9

Mientras la ciudad despierta, más olvida el hombre / 12

Nadie te dirá cómo muere el tiempo / 13

Creamos colores para darle significado... / 14

Yo quiero ser silencio / 15

Bajo tortura / 16

Volver a prescindir los ríos / 17

00:00 hrs. (Bodegón) / 19

La mentira es la niebla / 21

Un silencio atlántico / 22

Vagones / 24

Debes recordar, recordarlo todo / 25

Algunos papeles se guarecen... / 26

La Bestia ha salido de la ciudad / 28

Este viento piensa en entierros / 29

Será de nosotros el tiempo de la Bestia / 30

Un 19 de septiembre del año 1985 / 32

Me he enamorado de una suerte orgánica / 33

(20:45) / 35

Amar o amarlo casi todo / 37

Aurora / 38

Brinicle I / 40

Brinicle II / 41

Brinicle III / 42

Di negro, como si lo supieras / 43

Si huyes, húndete / 44

Hay inocencia en el destino del fuego / 45

Nota de Luis Arturo Guichard / 46

ANTOLOGÍA POÉTICA 2004-2012
de Iván Vergara
-6/10 de la Colección Capitanes 1-
se terminó de editar y maquetar
por Nautilus Ediciones
en Zaragoza, España,
en abril de 2024.